Extrait du *Bulletin de la Société scientifique et littéraire des Basses-Alpes*.

ÉTUDE

SUR LES

ANCIENNES FAMILLES

DE FORCALQUIER

Pour le chercheur qui fouille parmi les intéressantes reliques du passé, il est une étude attachante : celle de faire revivre les vieilles souches provençales qui sont parvenues à se créer une situation honorable, et quelquefois à s'élever de la glèbe à l'aristocratie, en parcourant le chemin lent, mais sûr, du travail, de l'épargne et de la vertu. Notre but, en préparant cette étude, n'a pas été de donner un dénombrement complet des familles notables de la ville de Forcalquier, encore moins de faire la généalogie de celles qui y ont existé ou qui existent encore, mais de ne pas laisser tomber dans l'oubli les anciens noms qui méritèrent bien de la petite patrie.

Quoique Forcalquier n'ait produit aucun grand homme dont la France ait droit de s'enorgueillir, elle a vu naître pourtant un assez grand nombre de personnages de mérite

ÉTUDE

SUR LES

ANCIENNES FAMILLES
DE FORCALQUIER

PAR

Cyprien BERNARD

Premier Adjoint au Maire de Forcalquier

Membre de plusieurs Sociétés littéraires et scientifiques

DIGNE

IMPRIMERIE CHASPOUL ET Vᶜ BARBAROUX

20, Place de l'Évêché, 20

1906

ÉTUDE

ANCIENNES FAMILLES
DE FORCALQUIER

PAR

Cyprien BERNARD

Premier Adjoint au Maire de Forcalquier

Membre de plusieurs Sociétés littéraires et scientifiques

DIGNE

IMPRIMERIE CHASPOUL ET Vᵉ BARBAROUX

20, Place de l'Évêché, 20

—

1906

et de dévouement, dont elle peut être fière, et c'est précisément parce que ces notabilités échappent à l'histoire générale que nous devons jalouser, conserver leur souvenir et celui dĕ leur famille, qui n'appartient qu'à nous et qui constitue pour la ville de Forcalquier une gloire intime et domestique.

Il est, dans l'histoire des familles comme dans celle des peuples, des temps historiques et des temps fabuleux, a dit notre regretté et savant ami M. Léon de Berluc-Perussis.

La Providence a voulu qu'une obscurité complète enveloppât l'origine de toute race ; la plus noble de toute n'a pas échappé à cette loi, dessein mystérieux sans doute et qu'il faut respecter.

Nous ne chercherons donc pas à soulever le voile épais qui cache le berceau des familles forcalquiérennes dont nous allons essayer de décrire les origines, en remontant seulement à l'époque où on rencontre des données précises, certaines.

Plusieurs familles : les Chabaud, Charentesio, de Châteauneuf, Crespin, de Croze, Forcalquier, de Gonesse, de Laincel, des Omergues, Pierrerue, Provence, Rascas, de Saignon, Saint-Maime, qui portaient, pour la plupart, le nom du fief qui fut leur berceau, sont presque toutes éteintes ou négligées par les généalogistes. Cependant, quelques-unes d'entre elles ont occupé, en Provence, une haute situation, les de Gonesse par exemple ; d'autres ont possédé des fiefs importants, comme : les d'Aubenas, Decorio, de Croze, de Montsalier, Saint-Maime et les de Vachères.

Nombreuses sont celles qui ont joué un rôle considérable dans les annales de la ville et n'ont laissé, en disparaissant, que leur nom attaché à de modestes domaines qui perpétuent seulement leur souvenir parmi les générations actuelles, tels ceux de : les Arnauds, la Baule, la Berluque (aujourd'hui les Charbonniers), les Bertrands,

Bonard, Bouche, Castellanne, les Chambarels, Chanut, Clémentis, Dépieds, les Escuyers, Fombeton, Giloux, Giraudi, Granier, Guérin, d'Hugou, Janssaud, de Laune, Madon, Manuel, Marre, Melly (clos de), Melve, Menut, Méolans, Mottet, la Parise, Rouret, Roustan, Tirany, Vallansan.

D'autres ont également joué un rôle municipal ou judiciaire, mais leur mémoire n'est rappelé que par les archives municipales et hospitalières ou par les minutes des notaires et les cadastres, telles les familles : d'Arcusia, d'Arnaud-Miravail, Allier, Astier, Aubergier, d'Autane, Aresten-Sise, Bandoly, Belliani, Bellonet, Bellas, Berle, Bernard (1), Blayn, Chappus, Charbonnel, Esmiol, Fauchier, Germain, Godin, de Gombert, Guibal, Guillaume, Lardeyret, de Laventure, de Lacombe, Laugier-Porchères, Lèbre, Miralhet, Nicolay, Paris, de Parisy, Pourpre, Rampalle, Roubaud, Saffalin, Saye, Sicard, Sube, Triboulet, Vachier, Valence, Vère, Vial, de Voland.

*
* *

Les **Adhémar-Castellanne** habitaient la rue Saint-Mary et avaient occupé une situation honorable, pendant le XVIIe siècle, dans la ville de Forcalquier.

Dans son nobiliaire du Dauphiné, Guy-Allard fait remonter l'origine de la maison d'Adhémar au VIIe siècle, et la tradition veut qu'un Adhémar, parent de Charlemagne, ayant conquis Gênes et la Corse, en ait été le premier souverain.

En tout cas, cette maison a donné les comtes d'Orange de la première race et elle a possédé en souveraineté, par filiation prouvée depuis le Xe siècle, des domaines impor-

---

(1) Cette famille a fourni plusieurs potiers d'étain, industrie qui avait donné, dès le XVIIe siècle, certain relief à la ville de Forcalquier.

tants entre le Rhône et la mer : la ville de Montélimar est une de ses anciennes possessions. Tout ce qui peut caractériser la grandeur, l'illustration et l'antiquité se trouve réuni dans cette maison. Elle a donné des hommes illustres aux armées et au clergé et a eu des alliances avec les maisons les plus considérables de Provence, entre autres avec les Voisins et les Rigaud-Vandreuil, dont l'ancienneté est affirmée dans une chanson connue de toute la Provence :

> Les Rigauds et les Voisins
> Ont chassé les Sarrasins ;
> Les Voisins et les Rigauds
> Ont chassé les Visigoths.

La branche aînée des barons de Grignan s'est fondue en 1559 dans la maison de Castellanne.

Le premier membre de cette famille que nous rencontrons dans les annales de Forcalquier est : Jeanne Adhémar, fille de Giraud, seigneur de Grignan, et de Blanche de Pierrevert, qui épouse en 1439 Pierre de Glandevès, seigneur de Château-Arnoux ; ensuite François Adhémar, de Monteil de Grignan-Castellanne, archevêque d'Arles, qui fut délégué à l'assemblée générale de France en 1646, pour renouveler le contrat avec les agents du roi pour le paiement des décimes ; son frère, Joseph Adhémar de Monteil de Grignan-Castellanne, était, en 1671, mestre de camp du régiment de Grignan ; un autre Monteil de Grignan de Castellanne fut abbé de Saint-Georges d'Angers, évêque de Saint-Pol, en 1643, et ensuite évêque d'Angers.

Louis de Gaucher de Castellanne-Adhémar, comte de Grignan, maréchal des camps, épousa Marguerite d'Ornano ; un de ses fils, qui fut gouverneur de Provence, épousa, en 1628, la fille de Mme de Sévigné. De Castellanne François fut premier consul de Forcalquier en 1700 et 1701, et de

Castellanne-Adhémar André en 1737. Jean-Victor de Castellanne-Adhémar Monteil, premier aide-major des galères, fut chevalier de Saint-Louis en 1762 ; François de Castellanne-Adhémar Monteil, enseigne de vaisseau, chevalier de Saint-Louis en 1756.

Cette famille, qui se retira dans le Languedoc, avait pour armes : « *De gueules au château d'or sommé de trois tours de même* », avec la devise : « Plus d'honneur que d'honneurs ».

De Amenicis (les Omergues). — Cette famille compte parmi ses membres : Louis des Omergues, qui figure dans un acte passé à Forcalquier en 1366, et Antoine de Aménicis, qui était syndic de Forcalquier en 1432 et 1448.

Aréode ou **Araudi**. — Cette famille était établie à Forcalquier au XVe siècle. Un de ses membres, Antoine Araudi, était notaire en 1448; son fils Jacques Araudi était, en 1474, notaire et greffier de la Cour royale et fut syndic en 1482. Bertrand Araudi habitait la même ville en 1494 et pourrait bien être le frère de Pierre Aréode, docteur en médecine, qui exerça, avec succès, à Grenoble et qui fut anobli, en 1515, par François Ier, « *pour savoir profond* ».

Chaque année, le savant docteur venait revoir ses compatriotes et promenait ses rêveries sous les hériditaires ombrages de *Gagnaud*, connu aujourd'hui sous le nom de Grand'Bastide, située dans la pittoresque vallée du Béveron.

Les Aréod avaient le surnom de *Carlet*, probablement en souvenir de quelque Carle Araudi dont ils étaient issus. Ce fait n'a rien de très anormal à cette époque : c'est ainsi que nous voyons les Talon et les Garret, seigneurs de Limans et de Beaujeu, surnommés Thomas et Cathin, des prénoms de l'un de leurs auteurs, et désignés indifféremment, dans les contrats les plus solennels, de leur nom patronymique ou de ce sobriquet.

Le nom d'Aréode est aujourd'hui oublié dans leur pays d'origine, tandis que celui de Carlet désigne encore, à Niozelles, les biens qui leur ont appartenu. Il fut continué à Grenoble, car nous trouvons, en 1532, Antoine Aréode, sans doute le fils de Pierre, qui écrit quelques vers latins parmi les pièces liminaires d'un missel imprimé par l'ordre de l'évêque Laurent Alamand. Et, en 1548, Pierre Aréode, qui ne peut être que le fils d'Antoine, figure parmi les avocats du Dauphiné. Enfin Louis et Claude Aréode terminent cette lignée honorable, qui portait pour armes : « *De gueules, à la bande d'argent, accompagnée de trois têtes et cols de licorne coupés d'or* ».

Arnaud. — Cette famille, originaire de Saint-Michel, habitait ce village vers la seconde moitié de XIVᵉ siècle, ensuite Dauphin et vint se fixer à Forcalquier, à la fin du XVIᵉ siècle.

Parmi ses membres, on cite : Raymond Arnaud, abbé commendataire du prieuré de Notre-Dame d'Ardène et chanoine du Chapitre concathédral Saint-Mary en 1528 ; Jean-Baptiste Arnaud, consul de Forcalquier en 1675 ; un autre Jean-Baptiste, oratorien, curé de Mane et chanoine théologal du Chapitre Saint-Mary en 1788 ; Pierre Arnaud, capitaine d'une compagnie de mineurs à Metz et chevalier de Saint-Louis en 1772; Joseph Arnaud, juge de paix en 1810 ; son fils, Camille Arnaud, juge, chevalier de la Légion d'honneur, maire de Forcalquier, qui mourut le 18 février 1883, à l'age de 85 ans, a laissé diverses œuvres d'histoire locale ; Camille Arnaud, neveu du précédent, maire de Forcalquier, conseiller général, a publié plusieurs œuvres posthumes de son oncle ; Louis Arnaud, fils de ce dernier, ingénieur agronome, a été élu conseiller général en 1904, avec un programme radical-socialiste.

Leurs armoiries sont : « *De gueules à trois pieds d'aigle d'argent, deux et un* ».

De Berluc-Perussis. — Cette famille, venue de Lombardie avec Valentine Visconti, reçut de Charles VI, en 1395, des lettres de noblesse et de chevalerie. Etablie à Forcalquier sous le roi René, elle donna à cette ville trente-quatre premiers consuls. Le premier d'entre eux, Jean de Berluc, négocia, en 1483, l'union du Forcalquiérois à la France, sous la clause d'une exemption d'impôts pour les habitants. De ses deux fils, l'un, Bernardin, racheta de François Ier, au nom de la ville, tous les droits féodaux que le roi percevait dans le territoire ; l'autre, Colin, ambassadeur de la Provence à François II, prêta et reçut le serment confirmatif des franchises provençales ; Elzéar, fils de Bernardin, nommé viguier sous Charles IX, fut maintenu en cette qualité comme « gentilhomme capable et expérimenté » ; Jean-Baptiste et Honoré, fils et petit-fils, furent, pendant la peste de 1630-31, l'un, capitaine de la ville, puis consul, et l'autre, secrétaire du conseil de ville et intendant de justice, et périrent victimes de leur dévouement. Antoine, frère d'Honoré, fut élu au conseil de ville comme étant « d'une ancienne famille et bonne livre » ; Jean-Pierre, appelé le « Père des pauvres » dans une délibération des chefs de maison du 22 février 1737, bâtit de ses deniers l'hôpital de la Charité Saint-Louis et mourut, en 1772, en soignant, pendant une épidémie de *suette miliaire*, les pauvres de cet hôpital. Sa sœur, Marie, légua à ces mêmes pauvres plus de cent mille livres, qui leur furent enlevées par la cupidité de ses parents maternels.

On pourrait ajouter à cette liste plus d'un écrivain de mérite, comme Jean-Antoine de Berluc-Porchères, surnommé l'Erasme provençal, auteur des *Adagia Selecta* (1632), et plus d'un soldat vaillant, comme Jean de Berluc, tué dans une rencontre contre les ligueurs en 1590, et le chevalier Joseph-André de Berluc, ancien mousquetaire gris, lieutenant-colonel en Pologne, qui se distingua auprès de Kosciusko, à la bataille de Dubieka.

Joseph de Berluc-Perussis, auteur de mémoires et discours et notamment, en 1791, contre le projet de rendre nationaux les biens des communes, qui mourut en 1800, à l'âge de 73 ans. Jacques de Berluc fut régent à l'académie royale de Juilly ; élu, après thermidor, vice-président du district de Forcalquier, il fut appelé, après brumaire, à siéger au tribunal de cette ville dès sa création, le 18 mai 1800, et à présider, en l'an IX, l'élection des notables. Ancien confrère de Fouché, il déclina fièrement la protection du régicide quand celui-ci fut nommé à la sénatorerie d'Aix. Son fils, Fortuné de Berluc, après de brillantes études au collège de Forcalquier, dirigé par les Jésuites, fit son droit à la faculté d'Aix, auprès de son oncle, l'avocat général de Miravail, et fut nommé, en juillet 1837, juge d'instruction au siège de Forcalquier. En 1839, on le voit figurer parmi les cinq fondateurs du Comice agricole de l'arrondissement et s'occuper avec zèle, dans la commission de surveillance des prisons, à l'amélioration du régime des détenus.

C'est grâce à son initiative et à celle du député de Laplane que furent dues les premières démarches pour le classement de la cathédrale de Forcalquier comme monument historique.

Il était officiellement porté sur les listes de présentation au siège de conseiller à la Cour d'appel d'Aix, lorsqu'il mourut, le 3 juin 1854, en sa terre du château de Porchères.

Il a laissé deux enfants, dont l'un, Léon de Berluc-Perussis, célèbre majoral, surnommé le *Pape du félibrige*, archéologue distingué et écrivain de mérite, mourut à Porchères, le 1er décembre 1902, à l'âge de 65 ans, léguant à l'hôpital-hospice Saint-Michel de Forcalquier sa riche bibliothèque provençale ; l'autre, Hélène, mariée à Louis-

Joseph Sigaud de Bresc, avocat, conseiller général du Var, qui a laissé : 1º Marguerite, mariée, le 8 juillet 1889, à Marius Durand, avocat, dont : Bruno, Dominique, Cyrille, Raphaël ; 2º Concesta, religieuse du Sacré-Cœur ; 3º Joseph, marié, le 16 décembre 1902, à Marie Sallier ; 4º Marie-Thérèse, mariée, le 9 avril 1902, à Paul de Terris, dont : Jacques et Hélène.

Les armes des Sigaud de Bresc sont : « *D'azur, à la sirène d'argent, voguant sur une mer de même, tenant de la dextre une fleur de gueules* ».

Les de Terris, dont la famille, originaire d'Irlande, est venue se fixer dans le Comtat Venaissin depuis plusieurs siècles, où elle a contracté des alliances avec les meilleures familles du pays, blasonnent pour la branche aînée, qui est de Morard Saint-Jaume : « *Ecartelé : aux premier et quatrième d'or à trois taupes de sable posées deux et un ; aux deuxième et troisième d'argent à l'arbre arraché de sinople, au chef d'azur chargé de trois étoiles d'or* ». Couronne de comte. Devise : *Labor in terris.*

Jean-Antoine de Berluc, surnommé l'Erasme provençal, avait épousé, en 1624, Hélène de Porchères, sœur du sonnettiste aimé de Henri IV et de Marie de Médicis, Honoré de Laugier-Porchères.

Il est piquant de constater que l'héritage de ce poète, qui fut l'un des quarante premiers de l'Académie française, devait passer, en la personne de Léon de Berluc-Perussis, à l'un des fondateurs de l'Académie provençale des félibres.

Plusieurs membres de cette famille haranguèrent éloquemment dans diverses réunions des Etats, pour le maintien à la communauté de Forcalquier de ses franchises communales et de ses privilèges.

Leurs armes étaient : « *Ecartelé : aux un et quatre d'argent, à un lévrier de sable, coupé de gueules à une croix d'or* », qui sont les armes concédées sous Louis XIV à la branche de Porchères ; « *Aux deux et trois d'azur, à une poire d'or tigée et feuillée de même* », qui sont celles de Berluc ancien. Couronne de comte. Devise : *A recommencer*.

Les **Bizot,** originaires de Montlaux et d'Ongles, habitaient Forcalquier au XVIe siècle ; ils étaient divisés en deux branches. Un de ces rameaux quitta cette ville pendant les guerres de religion et fut s'établir à Langres, en qualité de marchands tanneurs, profession que les membres de cette famille exerçaient honorablement à Forcalquier ; leurs fabriques étaient situées au quartier qui porte encore le nom de *Cauquière*, qui se traduit par tannerie.

Parmi les Bizot demeurés à Forcalquier, on remarque : Jean Bizot, avocat en la Cour en 1651 et Jean Bizot, chanoine au chapitre Saint-Mary en 1673.

Un descendant du rameau établi à Langres : Pierre Bizot de Fonteny, né à Versailles, le 20 août 1823, ancien sous-préfet, est actuellement sénateur de la Haute-Marne. Ses ascendants avaient continué à Langres leur profession de marchands tanneurs, et l'un deux, Antoine Bizot, épousa, en 1595, la fille de Jean Roussat, consul de la ville, dont une rue porte le nom, en souvenir de la résistance contre l'évêque et la Ligue, à qui il fit fermer les portes de la ville, pour les ouvrir quelques jours plus tard à Henri IV, un peu avant sa victoire à la bataille de Fontaine-Française contre l'armée de la Ligue. Ce souvenir s'est perpétué par la construction d'une tour défensive qui porte le nom de tour de Navarre, en l'honneur du roi de France et de Navarre.

Bodo ou **Bodoci,** famille très ancienne dont un membre, Guillaume Bodo, a été témoin de la charte concédée par le comte Raymond-Bérenger aux habitants de Forcalquier, en 1217.

Raymond Bodo était archidiacre et chanoine au Chapitre

Saint-Mary en 1297 ; un autre Guillaume Bodo était clavaire, en 1324, de la communauté de Sisteron. Cette famille a fourni une longue série de notaires à Saint-Michel.

De Boniface. — Cette famille, qui, d'après plusieurs généalogistes, paraît être originaire de Riez, vint se fixer à Forcalquier vers le commencement du XVIe siècle. Elle fut anoblie officiellement en 1669 et habitait un immeuble rue des Cordeliers, en face le logis du *Dauphin*. Les armes de Boniface étaient : « *D'azur à trois bandes d'argent* ».

Antoine de Boniface épousa, à Forcalquier, le 9 novembre 1546, Jeanne de Rey Passère, fille de Jean, notaire, et de Peyronne de Berluc-Perussis. De cette union est issue la branche des seigneurs de Peynier, héritière plus tard des Laidet-Fombeton et seule subsistante aujourd'hui.

La branche cadette remonte à Pierre de Boniface, qui prit le bonnet doctoral à l'Université de Bordeaux, le 30 avril 1550, épousa, le 28 janvier 1553, à Manosque, Jeannette Dupont, nièce de deux chevaliers de Malte, et fut pourvu, le 12 avril 1555, de l'office de lieutenant des Soumissions à la sénéchaussée de Forcalquier. Des lettres du 21 octobre 1562 le nommèrent conseiller du roi en la justice de Lyon ; mais, après avoir rempli, durant huit années, ces fonctions, il vint reprendre son siège à Forcalquier, le 9 septembre 1579, et l'occupa jusqu'à sa mort, survenue en 1596. Jean de Boniface, son fils, né le 4 octobre 1579, fut avocat, épousa, le 30 juin 1602, Claire de Bernard, acquit la seigneurie d'Astoin, en fit l'hommage au roi le 17 novembre 1627 et mourut le 15 juin 1649.

Il laissa deux fils : l'aîné, Martial, qui forma la branche des seigneurs d'Astoin, épousa, le 29 janvier 1629, Claire d'Arnaud, fille de Scipion, seigneur de Miravail, lieutenant général au siège de Forcalquier ; il fut élu, en 1655, premier consul de la ville, charge qu'occupèrent également, en 1633 et 1779, Gaspard de Boniface-Peynier et Jean-Benoît de Boniface-Fombeton ; le second, Hyacinthe, le célèbre arrêtiste, né le 14 octobre 1612, fut la tige de la branche ou plutôt du rameau de Vachères, ainsi appelé d'un fief dont il hérita : Suzanne de Boniface, grand'tante d'Hyacinthe, avait épousé Barthélemy de Vachères, et, à l'extinction de leur descendance, leur aurait succédé ; d'autres disent que de Boniface acquit la juridiction de ce lieu par la donation universelle de Jean de Vachères, son cousin, en date du 8 octobre 1653, confirmée par une autre donation du 8 novembre 1675. Hyacinthe de Boniface, avocat au Parlement de Provence, syndic d'Aix, fut appelé aux honneurs du rectorat le 1er juin 1676. Il eut la joie de donner lui-même le bonnet de docteur à son fils aîné, Jean de Boniface, à peine âgé de 16 ans. Ce dernier épousa, à Marseille, le 29 octobre 1659, Jeanne de Chabaud, fille de Guillaume et d'Anne Gache. Il eut cinq enfants : Jean, avocat, né le 20 septembre 1660 ; François, né en 1662, qui devint chevalier de Saint-Louis et lieutenant colonel de dragons de Bouville ; Louis, Pierre et Sauveur.

Jean, marié, en 1680, à Diane Eiriés, continua seul la descendance ; deux de ses fils furent chevaliers de Saint-Louis ; Jean-Joseph-Paul, son petit-fils, garde de marine à Toulon, mourut en 1794, pendant la Révolution, à Carthagène. En lui s'éteignit la postérité de l'arrêtiste Hyacinthe, dont le nom n'est plus porté que par la branche des Fombeton.

Les de Candolle, originaires du Languedoc, habitèrent la ville de Forcalquier dès le XVIe siècle. Le premier d'entre eux, Jean de Candolle, seigneur de Julians, fut nommé, en 1536, avocat du roi en la sénéchaussée de Forcalquier et installé dans ses fonctions par Jean Feu, président au Parlement de Provence. Son fils, Bernardin, chanoine au Chapitre Saint-Mary, qui, vers 1552, fut un des

premiers disciples de la Réforme, se retira, cette même
année, à Genève. Son abjuration fut comme un obscur
prélude de celle que devaient faire, quelques années plus
tard, l'archevêque d'Aix et les évêques de Riez et d'Apt.
Le savant botaniste suisse, A. de Candolle, né à Genève,
en 1788, auteur d'une précieuse classification des plantes,
qui mourut en 1841, descendait de cette famille.

Chabassut. — Cette famille, qui a donné son nom à un
quartier du pays, sur les bords du *Béveron*, est représentée à Forcalquier par de modestes cultivateurs. Jean
Chabassut, chanoine au Chapitre Saint-Mary, fut député
le 4 août 1438, pour mettre fin aux contestations qui exis-
taient entre la paroisse de Saint-Sauveur à Manosque et
le Chapitre Saint-Mary de Forcalquier. Chabassut Esprit
était syndic de Forcalquier en 1493.

Les **Chabaud** sont appelés dans les chartes Chabaudi,
Cabaudi et Cabaudus.

Ils étaient seigneurs de Châteauneuf-lès-Mane et avaient
fondé, au XIIIe siècle, l'église et l'hôpital de Notre-Dame
d'Ardène. Ce fut le commandeur Pierre Chauderie qui
reçut en 1209 la fondation de Guillaume Chabaud ; Raymond Chauderie, également commandeur, reconnut, en
1259, Bertrand, Foulque et Peiret Chabaud.

Guillaume Chabaud est député de Forcalquier aux Etats
de Provence, le 15 août 1390, et fut syndic de cette ville en
1408 et 1418 ; Antoine Chabaud occupa les mêmes fonctions
en 1433 et 1448 ; Raymond Chabaud fut chanoine du Chapitre Saint-Mary en 1485.

L'héritage des Chabaud, transmis par les de Rome
d'Ardène et les de Tende, appartient aujourd'hui à M. Gon-
zague de Rey et à son gendre, M. le marquis d'Autane.

La famille **Charentesio**, qui joua un rôle important dans
l'histoire municipale de Forcalquier, a eu, du XIIIe siècle

à 1404, dix-neuf membres, une généalogie presque complète, qui ont occupé diverses charges à Forcalquier, notamment deux d'entre eux qui furent témoins dans les chartes de liberté de 1217 et 1225.

Isnard de Charentesio était chanoine du chapitre Saint-Mary et de celui d'Aix ; le 12 février 1264, le pape Urbain IV adressa une bulle à l'archidiacre d'Embrun, qui était également prévôt à Saint-Sauveur d'Aix, lui enjoignant de faire investir Jacques de Charentesio du canonicat que possédait dans cette église son parent Isnard, mort récemment.

Simon de Charentesio était syndic de Forcalquier en 1345.

Le tombeau de cette famille existe encore dans les caveaux de l'ancienne concathédrale Notre-Dame, au-dessous de la chapelle du Sacré-Cœur.

Coderco, ancienne famille noble, dont le nom peut se traduire par Codur, paraît être représentée encore aujourd'hui par de modestes ouvriers, qui, comme leurs ancêtres, n'ont qu'un but : travailler à la prospérité de leur ville natale.

Cette famille a donné plusieurs syndics ou consuls à Forcalquier : Antoine de Coderco, avocat, remplit les fonctions de syndic en 1476, 1478, 1481 et 1488 ; Jean Codur était consul en 1660 ; Codur Claude en 1678, et Codur Pierre en 1725.

Le 9 avril 1487, les Etats de Provence furent convoqués, à Aix, pour délibérer sur les lettres d'union de la Provence à la France. Georges de Castellane-Forcalquier représente la noblesse du comté. Antoine de Coderco représente la ville. L'archevêque d'Aix préside et ouvre la session par un discours sur les avantages que les Provençaux trouveront à s'abriter sous l'égide de France. Les Etats, voyant le parti de Lorraine irrémédiablement perdu, n'hésitent pas à homologuer les lettres d'union.

La famille **Daudet**, qui vint s'établir à Forcalquier vers la fin du XVIIe siècle en qualité de marchands, rue Saint-Pierre, quitta cette ville pour aller se fixer à Nîmes et continuer le commerce qu'elle avait commencé, avec un certain succès, en Provence. Alphonse Daudet, le spirituel auteur de *Tartarin* et des *Lettres de mon Moulin*, descendait, dit-on, des Daudet de Forcalquier.

Les **Decorio**, d'origine italienne, établis d'abord à Aix, vinrent se fixer à Forcalquier au XVIIe siècle ; quelques membres de cette famille furent des avocats distingués à la sénéchaussée et devinrent propriétaires d'importants domaines, savoir : *Tatet*, Cabanes, Saint-Clair et l'ancien château des comtes de Forcalquier, à Saint-Maime.

Cette famille donna dix-sept consuls ou maires à la ville de Forcalquier ; Decorio Pierre était capitaine d'infanterie en 1724 ; messire Decorio de Cabanes fut, en 1745, vicaire général de Mgr de Brancas-Forcalquier, archevêque d'Aix ; Gaspard Decorio de Cabanes, né en 1710, professeur à l'Oratoire de Marseille, puis avocat au Parlement de Paris, fut lauréat en 1739 des Académies de Marseille et de Pau ; le chanoine Decorio était curé de la concathédrale en 1741 ; en 1793, Jean-Baptiste Decorio, faisant planter des vignes dans son domaine de Saint-Clair, déterra plus de quinze-cents squelettes dans le champ *prélien*, où, d'après la tradition, avait eu lieu, vers l'an 121 avant Jésus-Christ, entre les Romains et les Allobroges et les Salyens réunis, une sanglante bataille, où l'avantage resta aux Romains.

Decorio Louis, commissaire ordonnateur à la Guyane, fut tué à Cayenne, le 8 messidor an IV ; Decorio Saint-Clair fit partie, en 1801, du Directoire départemental et, en 1839, fut parmi les cinq citoyens de Forcalquier qui fondèrent un comice agricole.

Les descendants de cette famille se sont fixés dans l'Allier.

*
* *

Pendant les guerres de religion, de nombreux fugitifs du Comtat et de la Basse Provence cherchèrent un refuge dans la montagne de Lure, puis se fixèrent dans les villages voisins ; celui d'Ongles en reçut un [certain nombre et vit augmenter sa population dans des proportions considérables. Parmi ces étrangers, arrivés des environs d'Apt, se trouvait la famille **d'Eymar**, dont un de ses membres, Jean-Bernard d'Eymar, conseiller du roi en 1648, y acquit quelques droits seigneuriaux ; il obtint, pour cette acquisition, la remise des droits de lods qui étaient dus au roi.

Un autre membre des d'Eymar, gendre des de Voland, un des co-seigneurs d'Aubenas, qui, d'abord notaire à Ongles, quitta ce village et, emportant les minutes de son étude, vint se fixer à Forcalquier vers 1590, où sa descendance fournit à cette ville plusieurs notaires, deux viguiers, des magistrats éminents à la sénéchaussée, quinze consuls ou maires, des chanoines au Chapitre concathédral Saint-Mary, notamment : en 1750, Balthazar, docteur en théologie, qui fut l'ami du célèbre P. Malebranche ; Etienne, Oratorien distingué, qui fut l'apôtre du Jansénisme dans le diocèse de Sisteron, mourut le 26 janvier 1767 ; François d'Eymar, lieutenant général au siège de Forcalquier, mourut le 6 septembre 1738, à l'âge de 70 ans ; Ange d'Eymar, également lieutenant général au même siège, mourut à l'âge de 60 ans, le 26 avril 1753, et trois députés, savoir : le chevalier d'Eymar Ange-Marie, député à l'Assemblée nationale de 1789 par la noblesse de la sénéchaussée de Forcalquier, qui fut ambassadeur de Piémont, ministre plénipotentiaire à Malte et nommé ensuite, par le Directoire, préfet du département du

Léman ; d'Eymar François de Walchrétien, vicaire général de Strasbourg, abbé, prélat de Neuvillers, député à l'Assemblée nationale de 1789 par le clergé d'Alsace, et le chevalier d'Eymar Joseph, directeur et receveur des domaines du département du Moule (Basse-Terre), député suppléant de la Guadeloupe à l'Assemblée nationale de 1789. Ces deux derniers, émigrés, moururent, en exil, sous la Terreur.

On peut citer encore : Eymar Juvénal, capitaine protestant, qui fut tué sous Lurs, le 12 juillet 1590, dans une rencontre contre les Ligueurs ; Jean-Baptiste d'Eymar de Saint-Maurice était officier, en 1744, au régiment de Bourbon ; François d'Eymar du Bignosc fut le premier maire de Forcalquier élu par le peuple, le 14 février 1790. Cette famille est aujourd'hui éteinte ; leur héritage fut recueilli par les de Sébastianne et les Madon.

Férolfus. — Cette famille ancienne, dont la traduction française est sans doute Férévoux, eut quelques-uns de ses membres qui prirent le titre de nobles. Elle compte plusieurs damoiseaux et des chanoines au Chapitre Saint-Mary.

La famille de **Forcalquier,** ainsi que les grandes familles, n'avait pas de nom patronymique et est une des plus anciennes de la Provence.

Une branche collatérale de la famille des comtes de Forcalquier exista pendant près de six siècles ; divisée en deux branches, l'une passa, par mariage, dans la famille des Brancas; l'autre s'éteignit, vers le milieu du XVIII⁰ siècle, en la personne d'un modeste avocat.

Une charte d'Apt constate : 1⁰ que Guillaume, comte de Toulouse, dit Taillefer (IX⁰ siècle), eut de son mariage avec Elme, fille de Rothbold, deux fils : Pons, l'aîné, qui hérita du comté d'Avignon, et Bertrand, qui eut dans son lot le comté d'Apt jusqu'aux Alpes, appelé, peu après, comté de Forcalquier ; de Bertrand descendirent tous les souverains de cet Etat ; 2º qu'Humbert, fils de Rostaing d'Agoult (Xᵉ siècle), hérita d'une partie d'Apt, avec le château de Viens, et qu'ayant pris alliance avec la maison de Forcalquier, ses descendants formèrent la branche des seigneurs de Viens et conservèrent les armes pleines de Forcalquier : « *De gueules à trois pals d'or.* »

Cette alliance eut lieu par le mariage de Rose de Simiane avec Guillaume Augier Iᵉʳ de Forcalquier, en 1307. Ce Guillaume Augier, chef de la branche aînée, exerça la charge de capitaine, pour le roi, du comté de Forcalquier et devint ensuite le lieutenant en Provence de Foulque d'Agoult. Son petit-fils Guillaume, qui se maria, en 1398, avec Romane de Bachis, devint seigneur de Grambois ; le fils de ce dernier, appelé également Guillaume, se maria avec Thomasse de Pontevès, fille de Blacas, seigneur de Châteaurenard, fut baron de Viens et de Montsallier et céda le 22 juillet 1420, à la reine Yolande, ses droits sur Châteaurenard en échange de la seigneurie de Grambois et autres lieux.

Son fils Antoine de Forcalquier, seigneur et baron de Viens, reçut les pouvoirs de son père le 1ᵉʳ août 1420. L'acte d'investiture est passé à Grambois. Antoine testa le 19 août 1457 et mourut en 1461, laissant trois filles de Jeanne d'Agoult, fille de Raymond, seigneur de Volonne, et de Louise de Glandevès : 1º Thomasse, dame de Grambois, qui épousa Antoine de la Croix, seigneur de Corbières ; 2º Marguerite, dame de Mirabeau et de Redortiers, mariée à Guillaume de Sabran, baron d'Ansouis ; 3º Louise, mariée à Jean de Villemus, de laquelle Louise était issue Aliénore de Villemus, qui se maria avec Georges Astoaud, seigneur de la Bastide.

Jean de Villemus, issu d'une branche de l'ancienne maison de Reillanne, fait son testament en 1468; il institua son fils Jacques, héritier des terres de Villemus, Sainte-

Tulle, Montjustin, Montfuron et Limans, lui substituant Antoine et Pierre, ses fils cadets.

Cette famille, des plus anciennes de la région, était destinée à s'amoindrir par des partages successifs. Les représentants actuels de ce nom, bien qu'occupant le rang social le plus modeste, possèdent encore quelques débris de leur ancien fief de Montfuron.

Antoine de Villemus, dit de Forcalquier, frère d'Aliénore, possédait, en 1504, la seigneurie d'Ongles ; il avait eu de sa première femme une fille, et de sa seconde, Clère de Glandevès, un fils et une fille. A sa mort, sa veuve mit la fille du premier lit de son mari dans un monastère. Son fils étant décédé, elle maria sa fille Madeleine à Pierre de Glandevès, seigneur de Faucon. Mais les parents de la première femme prirent la fille aînée, qui était au couvent de Saint-Barthélemy, et la marièrent avec le fils du conseiller Duranti, seigneur de Fuveau et de Peynier, un des douze qui siégeaient au Parlement. De ce mariage naquit un fils et une fille : le fils se fit religieux Observantin, et la fille se maria dans la maison des Joannis, seigneurs de Châteauneuf.

Le 16 mai 1386, Magnifique-Louis de Forcalquier, seigneur de Céreste, avait prêté hommage pour Céreste, la Roche de Volx, Vitrole, le Castelet et Montjustin.

Raymond de Forcalquier, baron de Céreste, avait épousé, en 1407, Angélique de Brancas, sœur du cardinal Nicolas de Brancas, évêque de Cosenza.

Les Brancas appartenaient à la branche aînée de cette grande famille napolitaine, qui s'établit en Provence sous le pape d'Avignon Clément VII.

En Italie, elle était connue même avant l'invasion des Normands et, malgré ses titres d'ancienneté, elle ne fut honorée du titre ducal qu'en 1786 seulement.

Le cardinal Nicolas de Brancas, en très bons termes avec le pape Clément VII, attira sa famille dans le Comtat et fit nommer son frère Bacile, qui était déjà comte d'Agnano, maréchal de l'Eglise romaine. Plus tard, il procura la pourpre cardinalice à son neveu, Pierre de Brancas. Son père, Henri de Brancas, marquis de Céreste et gouverneur de Beaucaire, se fixa au XVIIe siècle à Pernes et s'y maria, le 28 avril 1671, avec Dorothée de Cheylus ; de cette union naquit, en 1693, Jean-Baptiste-Antoine de Brancas, qui fut archevêque d'Aix, le 29 juin 1729, et chancelier de l'Université, mourut en 1770.

Ce prélat eut cinq frères et trois sœurs : Louis, l'aîné ; Elzéar de Brancas, capitaine de cavalerie, périt dans les guerres d'Italie ; Esprit-Joseph mourut avec le grade de colonel ; Henri-Ignace devint évêque de Lisieux, et Buffile, dit comte de Céreste, fut ambassadeur en Suède et conseiller d'Etat ; enfin ses trois sœurs s'établirent par de grands mariages dans les familles d'Agoult, de Fougasse et de Rollands.

L'aîné, Louis de Brancas, comte de Forcalquier, fut, en 1710, lieutenant général des armées royalistes. Aussi bon diplomate que vaillant capitaine, il remplit avec succès la charge d'ambassadeur d'Espagne. Devenu conseiller d'Etat en 1719, il se rendit en Provence, à la première nouvelle de l'apparition de la peste. Sa conduite y fut admirable.

Nommé chevalier des Ordres du roi pour cette belle conduite, le marquis de Brancas fut de nouveau envoyé en Espagne et conclut heureusement le traité de Séville. Philippe V, l'en récompensa en lui conférant la Grandesse et la Toison d'or.

Il fut nommé ensuite gouverneur de Neuf-Brisach ; fait chevalier du Saint-Esprit, il reçut enfin le bâton de maréchal de France et mourut à Aix en 1753. Le portrait de Louis de Brancas-Forcalquier a été peint par Gallait.

Gabrielle de Brancas avait épousé, en 1674, Joseph de Valbelle, marquis de Tourves, président à mortier du Parlement de Provence en 1686.

La seconde branche ne fut pas moins illustre, sous le

nom de Brancas-Villard, et donna à la France l'amiral de ce nom, qui équipa vint-cinq vaisseaux à ses frais et combattit les Huguenots au siège de la Rochelle.

Le duc de Céreste-Brancas de Forcalquier rendit à la ville de Forcalquier d'éminents services, notamment pour lui faire obtenir, en 1790, le chef-lieu de district.

Le 26 avril 1473, Jean de Villemus, de la branche aînée des Forcalquier, chevalier, seigneur et baron de Viens, et sa femme, Louise de Forcalquier, se font une donation réciproque.

En 1479, eut lieu le mariage de Louis Isnard, seigneur de Chénerilles et d'Esparron, avec Jeanne de Villemus, fille de Jean, baron de Viens, et de Louise de Forcalquier, de la maison de Sabran.

Gaucher de Forcalquier, évêque de Gap, vend, en 1480, à Alain le Haut, seigneur de la Brillanne, tous les droits que Jacques de Sabran-Forcalquier, seigneur de Céreste et co-seigneur de la Brillanne, avait pu lui laisser sur le péage et le port de la Durance.

Georges de Castellanne-Forcalquier, baron de Céreste, représente la noblesse du comté de Forcalquier, le 9 avril 1487, aux Etats de Provence, convoqués à Aix pour délibérer sur les lettres d'union de la Provence à la France.

Deux ans auparavant, il avait hérité de son oncle Gaucher, évêque de Gap, de la seigneurie du Castellet du Luberon.

Gaucher de Brancas fait hommage au roi, en 1489, pour la terre de Céreste,

Le dernier descendant de cette illustre famille, un modeste avocat du nom de Forcalquier, mourut à Apt, sous Louis XIV.

Ainsi disparut cette maison, qui, pendant huit siècles, brilla d'un vif éclat et occupa une situation élevée en Provence et dans le comté de Forcalquier.

Les **Gaucelin** étaient notables ; deux de ses membres

signent les chartes de franchise concédées, à la ville de Forcalquier, par Raymond-Bérenger, en 1219 et 1225.

Guillaume Gaucelin, chirurgien, était syndic en 1343.

Gasc, Gasqui ou **Gaschi**. — Cette famille, établie anciennement à Manosque et à Forcalquier, a donné un évêque à Marseille en 1335 et un évêque à Nîmes en 1336, tous deux nommés Jean ; l'évêque de Marseille possédait une bibliothèque d'une grande valeur.

Plusieurs de ses membres furent chanoines au Chapitre Saint-Mary, dont un B. Gaschi l'était en 1228 et Isnard Gaschi en 1330.

Jacques Gasqui était syndic de Forcalquier en 1332 ; un autre Jacques prête hommage le 19 décembre 1385, pour Limans et Ségriès.

Pierre Gasqui était viguier de Forcalquier en 1484.

Antoine Gasqui fut capitaine dans les troupes protestantes pendant les guerres de religion.

La famille **Gassaud,** venue de Grambois, s'établit à Forcalquier, vers la fin du XVe siècle, et y occupa une situation considérable.

Le premier d'entre eux, dont les actes fassent mention, est Antoine Gassaud, notaire royal, fils de Barnabé et de Marie de Cruis, qui se maria, le 4 octobre 1557, avec Bernardine de Voland, fille de Georges, seigneur d'Aubenas et de Vachères, ministre protestant.

Dans la première branche, dite de Beaurepaire et de Beaulieu, d'un fief de la Bréole, établie à Manosque, nous remarquons Jean-Antoine Gassaud, avocat à Forcalquier, qui épousa, en 1637, Françoise de Matheau ; anobli par lettres patentes de Louis XIV de juillet 1662, Louis de Gassaud, sieur de Beaurepaire, avait épousé, le 6 janvier 1651, Françoise de Perrachon. Les Gassaud avaient acquis une bastide à la Brillanne, et c'est là qu'ils se réfugièrent pendant la terrible peste qui désola Forcalquier en 1630-31.

C'est dans cette même propriété que Terris, agronome distingué, importa, en 1816, le sainfoin d'Espagne, cette plante précieuse qui devait rendre d'importants services et donner un nouvel essor de prospérité à l'agriculture régionale.

Pierre Gassaud épousa, à Forcalquier : 1° Marguerite Lieutaud, fille de Jacques et de Suzanne de Posilis ; 2° à Manosque, en 1656, Suzanne de Taxil. Son fils Scipion fut capitaine au régiment des Landes et premier consul à Forcalquier en 1727.

Laurent-Marie, chevalier de Gassaud, mousquetaire du roi, né en 1752, épousa, en mai 1796, à Marseille, Rose Raymond. Il assista, avec son père et son oncle, aux assemblées de la noblesse en 1789. Son nom est fort mêlé à la biographie de Mirabeau : ce dernier interné à Manosque, en 1774, sur la plainte de son père, qu'inquiétait sa prodigalité, surprit la correspondance de sa jeune femme avec le chevalier de Gassaud, ce qui fut le départ de ses longues infortunes conjugales.

Jules de Gassaud, né en 1797, lauréat de l'Académie de Marseille, en 1819, pour l'*Eloge de Belsunce* ; sa fille, Amélie, comtesse de Saporta, née en 1825, morte à Paris en 1891, a laissé un fils et une fille, la comtesse de Nouaillan ; son autre fille, Claire, née en 1840, mariée : 1° en 1861, à Alfred de Cabanis de Courtois, secrétaire d'ambassade, 2° au baron de Lassus, est aujourd'hui la dernière branche de ce nom.

Dans la deuxième branche demeurée à Forcalquier, on remarque Gassaud Elie, capitaine et gendarme de la compagnie de Lesdiguières en 1643, consul de Forcalquier en 1659.

Gassaud Joseph, capitaine-major au Royal-Artillerie en 1750, chevalier de Saint-Louis, qui servit avec distinction pendant près de cinquante ans et s'attira l'estime particulière du duc du Maine, grand-maître de l'artillerie.

Joseph-André, avocat au Parlement et au siège de

Forcalquier, premier consul de cette ville en 1694 et 1714, épousa Anne Maure et laissa huit enfants, dont : Jean-Victor, capitaine au Royal-Artillerie, chevalier de Saint-Louis, qui mourut sans alliance en 1768, instituant les Gassaud de la troisième branche.

Dans cette dernière branche, également établie à Forcalquier, on remarque : Catherine, septième fille de Louis Gassaud, notaire, mariée en 1668, à Jean-François Eymar, fils du notaire Antoine ; de ce mariage naquit François Eymar, seigneur du Bignosc, lieutenant général de la sénéchaussée et secrétaire du roi ; la douzième fille de Louis, Marie Gassaud, filleule du bénéficier Germain, fut mariée, en 1697, à Antoine Decorio, avocat en la Cour, consul en 1682, 1691 et 1697.

Jean, treizième et avant-dernier fils de Louis Gassaud, fut docteur en théologie, recteur de Saint-Martial, prieur de Ganagobie, vicaire visiteur général de Cluny, mort en 1739.

Gassaud Louis-Antoine fut recteur de l'Université de Nantes en 1786.

Gassaud Lambert-Etienne-Forcalquier, fils d'Antoine-François, premier consul, fut prieur de Saint-Michel, capiscol de Forcalquier, vicaire général de l'évêque de Riez, acheta, le 27 février 1791, le couvent des Cordeliers de Forcalquier au prix de 8,624 livres, et mourut à Lorette, en émigration, en 1799.

Joseph Gassaud, maire sous la Restauration, avait épousé, en 1792, Anne Fauchier, et mourut en 1848, laissant quatre enfants, dont Thérèse-Françoise-Laure, mariée à Hippolyte Garnier, avocat, conseiller général, maire de Forcalquier ; sa fille Louise, mariée à Jules Depieds, ancien notaire ; sa petite-fille Thérèse, marquise de Jocas, et son arrière-petit-fils Louis de Brassier, marquis de Jocas, élève à l'école militaire de Saint-Cyr, sont aujourd'hui seuls à représenter cette branche des Gassaud.

Leurs armes sont : « *D'argent au cœur enflammé de*

gueules, au chef d'azur chargé d'un besant d'argent, accosté de deux étoiles d'or ».

La branche anoblie en 1662 prit, à cette occasion, d'autres armoiries : « *D'azur à la tour d'or, maçonnée de sable* ».

L'illustre famille **Gaucher**, qui, par les femmes, descendait des derniers comtes de Forcalquier, a joué un rôle important dans les annales de cette ville. Son véritable nom était Sabran, mais elle obtint du comte Raymond-Bérenger le droit de porter celui de Forcalquier, en même temps de posséder un certain nombre de terres dans les environs.

Gaucher de Forcalquier, le dernier de cette famille, était seigneur de la Roche-Amère, prévôt commendataire de Chardavon et fut évêque de Gap en 1441. Son héritage tomba, en 1484, dans la famille de Brancas.

La famille **Gonesse** avait possédé en Provence des charges importantes.

Guillaume de Gonesse était sénéchal de Provence en 1269, et Adam de Gonesse avait été viguier royal de Forcalquier.

Jamfiliaci. — Cette famille, originaire d'Italie, vint se fixer en Dauphiné, y joua un rôle important, donna plusieurs châtelains à l'Embrunais et au Gapençais et s'établit ensuite à Forcalquier, où nous voyons Rico de Jamfiliaci, parent de Rosso, maître de la monnaie à Saint-Rémy, mourir le 14 juin 1348, après avoir occupé une place éminente dans la Viguerie.

De Laincel, famille portant le nom du lieu de Lincel. Parmi ses membres on voit figurer Geoffroy et Bertrand, évêques de Gap.

Geoffroy de Laincel, personnage très influent, était

conseiller du comte de Provence, prévôt du Chapitre d'Apt, et monta sur le siège épiscopal de Gap de 1289 à 1315.

Bertrand de Laincel était, en 1310, chanoine du Chapitre Saint-Mary de Forcalquier ; il succéda, en 1316, à Olivier de Laye au siège épiscopal de Gap ; le 16 octobre 1317, il autorise le conseil de Gap « à rompre la route de Tallard à Gap », et le 28 mai 1318, le pape nomme Bertrand de Laincel, fils de Bernard Jourdan, seigneur de l'Isle, au canonicat vacant dans le Chapitre Saint-Sauveur d'Aix, par nomination de son titulaire, Guillaume Etienne, à l'évêché de Gap.

Georges de Laincel était bailli de Sisteron en 1343.

Cette famille, célèbre par son ancienneté, ses alliances et ses vastes domaines, avait acquis les seigneuries de Roumoules et de Saint-Martin de Renacas ; elle avait acheté, en dehors de sa seigneurie de Laincel, la terre de Puimichel et celle de l'Hospitalet à sainte Delphine de Sabran, comtesse d'Arian. On trouve parmi ses membres plusieurs chevaliers de l'Ordre de Malte, tels que : Bérenger, Olivarès et Jean de Laincel ; ce dernier périt au siège de Rhodes, par les Turcs, en 1582. Cette maison s'est éteinte avec Hélène de Laincel, morte à Manosque, le 26 mai 1693, après avoir fait des donations importantes à l'hôpital et au couvent des Capucins de cette ville.

Lombard du Trouillas. — Cette famille tire son nom du *Trouillas* ou *Truyas*, domaine situé dans le terroir de Saint-Etienne, entre le village de ce nom et Fontienne, arrière-fief appartenant aux de Lombard et qui, en 1537, était la propriété d'Antoine de Bouliers, seigneur du lieu. Jacques de Lombard était juge à la Cour royale de Forcalquier en 1336 et 1339.

Jean de Lombard, qui avait épousé Lucrèce d'Alamandy, était lieutenant des soumissions au siège de la sénéchaussée de Forcalquier en 1608 ; son fils Etienne, né le 25 mars 1610, fut un théologien distingué. Le 2 janvier 1666, Laurent de Forbin, marquis de Janson, baron de Villemus, seigneur de Mane et autres places, vendit à messire de Lombard, abbé du Trouillas, prévôt de la Sainte-Chapelle de Châteaudun, gouverneur des fils du prince de Conti, et à noble Scipion de Lombard, sieur du Trouillas, frères, la place, terre, fief et seigneurie de Château-Arnoux, moyennant le prix de 64,500 livres.

Cette même année, Etienne et Scipion de Lombard prêtèrent hommage comme seigneurs de Château-Arnoux. En faisant cette acquisition, ils aliénèrent le domaine de Monessargues, près Lurs, sur les bords du Lauson.

L'abbé de Lombard avait connu à Port-Royal, lorsqu'il était gouverneur du comte de Saint-Pol, fils de la duchesse de Longueville, Angélique Cattani de Diacetto et Acquaviva d'Aragon, duchesse d'Atri, princesse de Melfi, qui, appréciant son mérite et son rare talent pour la gestion des affaires, l'avait suivi en Provence, et, après un séjour assez long à Forcalquier, elle mourut à Château-Arnoux, le 22 octobre 1676, laissant à Mᵐᵉ de Château-Arnoux, qu'elle appelle « sa bonne amye », sa vaiselle d'argent et ses meubles. L'abbé du Trouillas refusa ce legs et renvoya l'argenterie à la famille d'Atri ; mais celle-ci s'honora en la renvoyant à celui à qui elle l'avait léguée. L'abbé mourut dans son fief, le 12 février 1687.

Par son testament, reçu par notaire Arnaud à Forcalquier, le 8 avril 1686, il institue noble Etienne de Lombard, son neveu, son héritier universel, avec substitution en faveur de ses descendants, et, au cas que la branche du dit héritier vienne à être éteinte par défaut d'enfants légitimes, il légua aux pauvres de Château-Arnoux une pension annuelle et perpétuelle de 400 livres. Scipion de Lombard se désiste de ses droits de co-seigneur en faveur de son fils Etienne de Lombard, qui épousa, en août 1685, Françoise Le Camus, fille du seigneur de Peipin ; par suite de ce mariage, Etienne de Lombard accole ses armoiries : « *D'or à trois sempervives ou jombardes de sinople* » à celles des Camus de Peipin, qui étaient « *Un pélican surmonté d'une fleur de lys* ». Gouverneur de Sisteron, il mourut dans cette ville, le 10 mars 1709. Son fils Etienne de Lombard devint seigneur de Château-Arnoux, épousa Thérèse de Leydet et mourut à Sisteron, à l'âge de 29 ans, le 29 décembre 1715. Son fils Pierre lui succèda et son autre fils François embrassa la carrière ecclésiastique.

Cette ancienne et respectable famille est aujourd'hui représentée par les fils de Hippolyte-Alexandre de Château-Arnoux, qui fut président du tribunal civil de Forcalquier de 1869 à 1873.

Maurel. — Cette famille était notable en 1217, puisqu'un de ses membres était, à cette époque, baïle du comte Raymond-Bérenger et contresigne une charte de liberté concédée par lui à ses sujets de Forcalquier.

Oro. — Famille très ancienne, qui paraît avoir eu certaine importance dans la bourgeoisie de la ville de Forcalquier, est aujourd'hui complètement éteinte.

Isnard Oro était chanoine de Saint-Mary en 1275.

Pluymas ou Prueymes. — Onze membres de cette famille ont été chanoines au Chapitre Saint-Mary, parmi lesquels Raymond Pluyme en 1234.

Guillaume Pluyma était chevalier en 1268; Raymond Pluyme, syndic en 1278, et Elzéar, en 1496.

En l'année 1488, un Pluyme était le plus fort imposé des 272 chefs de famille inscrits au Casernet.

Cette famille, qui a joué un rôle important dans l'histoire municipale de Forcalquier, habitait un immeuble, rue Passère actuelle, 7. C'est dans cet immeuble que le vicaire général, représentant l'évêque de Sisteron pour le midi du diocèse, habitait également et y recevait l'évêque pendant son séjour à Forcalquier.

La famille **Piolle** s'était établie à Manosque dès le XIVe siècle.

Guillaume Piolle était juge en cette ville en 1369 et fut la tige des Piolle qui vint s'établir à Forcalquier. Parmi ses descendants, un Piolle fut viguier de Forcalquier : Joseph de Piolle fut conseiller au siège de la sénéchaussée de Forcalquier en 1667 et Joseph de Piolle de Beauchamp était docteur de Saint-Sulpice et prédicateur du roi en 1702.

Elisabeth de Piolle, qui mourut en 1758, veuve de Jacques de Mathieu, possédait, en 1740, quelques droits seigneuriaux à Fontienne.

Pierrerue. — Famille noble. On trouve des personnages de ce nom dans le cartulaire de Saint-Victor, chartes nos 579, 978, et 979 et dans le Chapitre Saint-Mary en 1213.

La maison de **Sabran**, originaire du Languedoc, est une des plus anciennes et des plus illustres de Provence. Elle tire son nom d'une petite ville qui appartient au canton de Bagnols-sur-Céze (Gard).

Au XIIIe siècle, un de ses membres vint s'établir à Ansouis et épousa Garsende de Forcalquier, fille unique du dernier comte de Provence. Il eut d'un second mariage un fils qui devint la tige de la branche provençale des Sabran.

Le petit-fils de ce dernier, Hermengaud de Sabran, unit à son titre de baron d'Ansouis celui de comte d'Arian, en Apulie, que lui conféra Charles III d'Anjou, comte de Provence et de Forcalquier.

Cette maison fait remonter sa filiation au XIe siècle.

Honorés du titre de cousins de roi depuis Saint-Louis, les Sabran furent connétables héréditaires du comte de Toulouse, grands justiciers et grands sénéchaux du royaume de Naples, comtes souverains de Forcalquier.

La maison de Sabran compte deux saints : saint Elzéar et sainte Delphine ; elle était apparentée avec toutes les

maisons d'Europe par Garsende de Sabran, née à Forcalquier, grand'mère de Marguerite de Provence, femme de
saint Louis, roi de France ; d'Eléonore, femme d'Henri III,
roi d'Angleterre ; de Sancie, femme de Richard, duc de
Cornouailles et roi des Romains, et de Béatrix, femme de
Charles Ier d'Anjou, comte de Provence et de Forcalquier.

Guillaume de Sabran, petit-neveu d'Alix de Forcalquier,
sœur du comte de Forcalquier, Guillaume III, dit le Jeune,
avait revendiqué le comté de Forcalquier, tant de son
chef qu'en vertu d'une donation du comte Bertrand II, son
oncle.

Il prit le titre de comte de Forcalquier en 1220, qu'il
conserva jusqu'à sa mort.

Un autre Guillaume de Sabran était seigneur de la Tour-
d'Aigues en 1408.

En 1420, la reine Yolande confirme en faveur d'Alésia de
Villeneuve et d'Angélique de Brancas, aïeule, mère et
tutrice de Jacques de Sabran-Forcalquier, seigneur de
Céreste, la sentence de Jean de Genoardi, maître rational,
déclarant que Louis de Sabran-Forcalquier, seigneur de
Céreste, est issu en ligne directe de Guillaume IV de
Sabran, ancien comte de Forcalquier et qu'en conséquence
de l'accord passé par ledit Guillaume avec Garsende de
Sabran et Raymond-Bérenger, ledit seigneur de Céreste
doit posséder le privilège des dernières appellations.

Un des fils de Guillaume IV de Sabran avait fondé à
Céreste, en 1256, une branche cadette de cette même
maison. En 1321, Mathelme Doce, femme de Gaucher de
Sabran de la Roche-Amère, seigneur de Céreste, avait fait
hommage pour Ongles et autres terres.

En 1454, a lieu l'investiture d'une partie de la Brillanne,
pour le seigneur de Céreste de la maison de Sabran-
Forcalquier.

Le brevet ducal fut conféré en 1825 au comte de Sabran,
lieutenant général et pair de France. Celui-ci n'ayant pas
d'enfants, fut autorisé, par lettres patentes du 18 juillet

1829, à adopter ses cousins Edouard et Léonide de Pontevès et à leur substituer ses titres et qualités. La maison de Pontevès, de chevalerie féodale, fait remonter sa filiation en Provence jusqu'au Xe siècle.

Elle a donné : cinq grands sénéchaux de Provence; deux généralissimes des armées catholiques en Provence pendant la Ligue et, comme maison de Sabran, deux chevaliers croisés.

Les Pontevès étaient barons de la vallée de Sault en 1108, princes d'Apt, barons de Cotignac, vicomtes de Bargème, comtes de Carcès, marquis de Buoux.

Le capitaine Pontevès, marquis de Buoux, était gouverneur de Forcalquier en 1589.

Claire de Pontevès, qui épousa en 1590, Jehan de Lévêque, eut trois fils : Scipion, Jehan et Eméric. Scipion, épousa Hélène de Bompard, et Jehan, Aimée de Chailan en 1635. De ce mariage naquit Paul de Lévêque, qui porta le titre de seigneur de Saint-Etienne.

Le comte Jean de Sabran-Pontevès, membre du service d'honneur du duc d'Orléans, ancien officier supérieur de cavalerie, qui fut traduit devant la Haute-Cour et mena une si violente campagne à la Villette en 1900, était cousin du duc de Sabran-Pontevès qui mourut le 21 novembre 1903, au château de Marignannes, près de Château-Gontier (Mayenne).

Il avait succédé comme duc de Sabran-Pontevès, mort en 1894, et ne laissant de son mariage avec Mlle de Luynes qu'une fille, la marquise de Tholozan-Lareinty.

Saint-Maxime ou **Saint-Maime**, famille noble, Bertrand de Saint-Maime est témoin, en 1168, du testament de Bertrand, comte de Forcalquier, et, en 1174, de l'investiture du comté de Forcalquier par Fréderic Barberousse au comte Guillaume III.

On rencontre dans cette famille plusieurs chevaliers de Malte et des chanoines au Chapitre Saint-Mary, notamment Pierre de Saint-Maime, pourvu d'un canonicat en 1310.

La vénérable Bérengère, dame de Saint Maime, fut ensevelie dans l'église Saint-François, à Forcalquier, en 1280, où on peut lire, encore en ce jour, son épitaphe sur une table de marbre parfaitement conservée.

Pons de Saint-Maime était juge de Forcalquier en 1329.

Saint-Michel. — Cette famille, qui portait le nom du village près Forcalquier, était, au XIIe siècle, attachée à la Cour des comtes de Forcalquier ; plusieurs de ses membres sont témoins des donations faites par quelques-uns de ces princes et de leurs testaments.

De Sébastianne. — Cette famille, originaire d'Italie, vint s'établir à Forcalquier vers 1505, où elle habitait un immeuble près le couvent des Cordeliers, avait acquis le fief de Porchères et en portait le titre.

Par ses alliances, aussi nombreuses que distinguées, elle eut une situation brillante dans cette ville ; déjà elle avait donné, dès la première moitié du XVIe siècle, une série de notaires au village de Saint-Michel. Elle donna quatre prévôts au Chapitre concathédral de Saint-Mary : Gaspar en 1616, André en 1639, un autre André en 1693 et Jean-Baptiste, également, en 1693.

François de Sébastianne était avocat en la Cour en 1648 ; Joseph de Sébastienne, capitaine adjudant-major, mourut au passage de la Bérésina en 1812.

Le comte de Sébastiani, général de division, était apparenté à cette famille.

La famille **Talon**, qui habita Forcalquier très anciennement, quitta cette ville vers la fin du XVe siècle.

Un acte de la deuxième moitié de ce siècle désigne le chef de cette famille comme fermier des droits seigneuriaux de Corbières.

Talon Etienne figure, en 1258, comme témoin de la vente de Mane.

Talon Louis est syndic en 1436 ; Raymond en 1458 et Jean en 1477.

Talon Talon fut châtelain de Forcalquier en 1388, et remplacé par Guillaume Crespin en 1416. Il avait été syndic en 1408. Il se maria deux fois : 1º avec Dauphine de Charentesio et 2º avec Spineta, qui mourut en 1398.

Raymond Talon était prévôt du Chapitre Saint-Mary en 1424 ; il obtint, le 4 mars 1436, douze voix, sur dix-huit suffrages, comme évêque de Sisteron ; son élection fut confirmée par le Concile de Bâle, mais cassée par le pape, quoique régulière, pour témoigner son hostilité à ce Concile. Eugène IV alla plus loin, il priva même Raymond Talon de son titre de prévôt du Chapitre. Celui-ci renonça aussitôt au bénéfice de son élection et fut réintégré dans sa prévôté, qu'il conserva jusqu'à sa mort, survenue le 12 février 1461, et fut ensevelie dans l'église Saint-Pierre à Avignon.

Jean Talon, chanoine, donne à la concathédrale Saint-Mary de Forcalquier, le 15 août 1486, une châsse destinée aux reliques de saint Thyrse et complète sa donation par un buste, dont le relief était en laiton doré et le reste en vermeil. Cette œuvre d'art, fabriquée à Aix, portait au bas une inscription en argent, rappelant le nom du donateur, et de chaque côté les armes des Talon. Le châtelain Talon fut la tige des seigneurs de Limans et de Ségriès, d'où sont sortis, dit-on, les célèbres jurisconsultes Omer et Denis Talon, avocats généraux au Parlement de Paris.

La famille du **Teil**, originaire du Comtat, avait transporté une de ses branches à Manosque, vers le commencement du XVe siècle.

Elle occupait un rang distingué parmi les familles notables de cette ville et portait sur ses armoiries : « *Un tilleul au sinople d'or* ».

Jean de Tillia, chef de cette famille, est qualifié dans plusieurs actes *de noble écuyer*.

Son fils Louis fut le chef de la deuxième branche des du Teil. Il eut de sa femme, Spérite de Sébastianne de Forcalquier, trois enfants : Louis, Georges et Jean.

Les du Teil avaient porté les armes pendant les guerres de religion. Le premier en date fut Antoine du Teil, troisième fils de noble Jean du Teil et de Jeanne Aloat ; par contre, ses neveux : Antoine, Georges et Jean du Teil, fils puînés de Louis du Teil, furent capitaines dans les bandes protestantes, et l'un d'eux reçut une lettre de Catherine de Médicis.

Georges fut assassiné à Manosque, le 21 mars 1577, au devant de la petite porte Notre-Dame.

Louis du Teil fut emporté par la peste le 25 juillet 1591 ; sa veuve se réfugia chez Pierre de Boniface, conseiller du roi et lieutenant des soumissions à Forcalquier. Jean-Pierre du Teil, qui épousa Isabeau de Guérin, vint se fixer à Forcalquier, où il fut pourvu, en 1617, de l'office de conseiller et de juge royal ; son fils Louis du Teil, avocat du roi, épousa Isabeau de Barbeyrac.

Nouvellement établis à Forcalquier, les du Teil se trouvent apparentés avec les meilleures familles de cette ville : Spérite de Sébastienne, leur aïeule paternelle, sortait d'une maison fort alliée aux Bourgarel, aux Marin, aux Laugier-Porchères, aux d'Audiffret et aux branches d'Astoin et de Vachères.

Polydore du Teil s'était marié avec Hortense de Sébastianne, fille de Michel de Sébastianne, seigneur de Porchères ; Polydore lui laissa sa terre de Saint-Martin de Beaumont et toutes ses dépendances.

Jean-Ange du Teil, capitaine aide-major au Royal-Artillerie, chevalier de Saint-Louis, fut blessé, en 1702, à la bataille de Landau.

Antoine du Teil, capitaine de grenadiers au régiment de Bourbon en 1753 et chevalier de Saint-Louis.

Du Teil de Beaumont François, né le 20 janvier 1686,
épousa Marguerite de Chambaran. Capitaine au Royal-
Artillerie, chevalier de Saint-Louis, il fut blessé, en 1719,
au siège de Fontarabie et mourut en 1758, laissant deux
fils : Jean-Pierre, baron du Teil, lieutenant général des
armées du roi, inspecteur général d'artillerie, chevalier
de Saint-Louis (1722-1794), dont les fils, suivant un codicille
du 21 avril 1821, furent légataires de Napoléon Ier, qui
avait servi sous ses ordres de 1788 à 1791. L'empereur
disait souvent en parlant de lui : « c'est ce brave général
qui m'a appris à obéir et à commander » ; et Jean,
chevalier du Teil, lieutenant général, chevalier de Saint-
Louis, commandeur de la Légion d'honneur (1738-1820), qui
commanda en chef l'artillerie au siège de Toulon, avec
Bonaparte comme second, en 1794.

Les portraits de Jean-Pierre et de Jean du Teil figurent
au musée historique de Versailles, salle des guerriers
célèbres, nos 1201 et 1221.

Les du Teil, qui habitaient la rue du Palais actuelle,
maison de l'avocat du roi, ont également donné à la ville
de Forcalquier : Jean du Teil, juge à la Cour royale en
1512 ; Mathurin du Teil, lieutenant général de la sénéchaussée en 1563 ; plusieurs avocats du roi et des consuls,
notamment Jean du Teil en 1701 et 1713, et François du
Teil en 1705, 1715 et 1739. Cette famille est encore représentée à Paris par le baron Joseph du Teil, auteur de :
Une Famille militaire au XVIIIe siècle.

*
* *

Pendant les guerres de religion, beaucoup d'habitants
du Comtat, pour échapper à la persécution dont ils étaient
l'objet, émigrèrent et vinrent se fixer dans le village
d'Ongles.

Parmi eux on remarque les **Verdet**, qui s'établirent dans une maison de campagne située au-dessous du hameau de la Fontaine et donnèrent leur nom à ce quartier.

Ils herborisèrent dans la montagne de Lure et, après avoir acquis une certaine aisance, ils vinrent se fixer à Forcalquier, vers la fin du XVIIe siècle.

Un Verdet fut le correspondant de Darluc, pour son *Histoire naturelle de Provence*.

Cette famille donna une série d'apothicaires à la ville de Forcalquier, notamment : André en 1714 ; Joseph en 1736, et Jacques en 1759.

Verdet François fut consul en 1714 et 1722 ; Verdet André, avocat au Parlement de Provence en 1740, fut syndic de son ordre en 1769 ; Messire Verdet François-Auguste fut curé de Dauphin en 1754, et son neveu, François Verdet, fils de Jacques, maître apothicaire, né le 30 juin 1755, avocat à Aix, nommé député suppléant par la sénéchaussée d'Aix, fut pendu à une lanterne, par la populace, un jour d'émeute, le 26 janvier 1793.

Verdet Jean-André, chanoine au Chapitre Saint-Mary, est connu par la mention faite de lui sur l'état de pensions de l'An III, où il figure comme ex-chanoine de Forcalquier, titulaire d'une pension de mille livres.

On voit dans le registre des délibérations hospitalières, un Verdet siéger en 1824 et 1826.

De Veynes. — Cette famille, qui avait formé de nombreuses branches, était originaire de Veynes ; un rameau s'implanta à Forcalquier, au XVe siècle.

Jacques, fils de Jehan de Veynes, joua un certain rôle en 1363.